Cristiane Sobral

Só por hoje vou deixar o meu cabelo em paz

malê

©Copyright by Cristiane Sobral
Todos os direitos desta edição reservados à Editora Malê
Direção: Francisco Jorge & Vagner Amaro

Só por hoje vou deixar o meu cabelo em paz
ISBN: 978-65-87746-95-1
Edição: Vagner Amaro
Ilustração de capa: Jackson Souza
Capa: Dandarra Santana
Diagramação: Maristela Meneghetti
Revisão: Louise Branquinho

Texto revisado segundo o novo Acordo Ortográfico da Língua Portuguesa.
Proibida a reprodução, no todo, ou em parte, através de quaisquer meios.

Dados internacionais de catalogação na publicação (CIP)
Vagner Amaro – Bibliotecário - CRB-7/5224

S677s	Sobral, Cristiane
	Só por hoje vou deixar o meu cabelo em paz / Cristiane Sobral. — 1. ed. — Rio de Janeiro : Malê, 2022.
	144 p.
	ISBN 978-65-87746-95-1
	1. Poemas brasileiros I. Título.
	CDD B869.1

Índices para catálogo sistemático: 1. Literatura brasileira : Poesia B869.1

Editora Malê
Rua Acre, 83, sala 202, Centro. Rio de Janeiro
www.editoramale.com.br
contato@editoramale.com.br

Para Malick Jorge e
Ayana Thainá,
filhos da esperança.

Nota da autora

Os poemas deste livro foram escritos em 2015, partindo de estudo para a composição do espetáculo *Alisantes Anônimos*, cuja dramaturgia escrevi depois de encontrar uma pesquisa destacando o Brasil como um dos países onde as pessoas mais utilizavam produtos cosméticos para o alisamento capilar. Esse resultado chegou em um momento em que eu refletia profundamente sobre o tema cabelo, cabeça e principalmente o cabelo crespo, essa temática era recorrente nos debates, experimentações e ensaios com o primeiro elenco do grupo de teatro que dirigi entre 1999 e 2004, a Cia de Teatro Negro Cabeça Feita. Esse período foi acompanhado pela leitura de vários autores negros, tais como bell hooks, Abdias do Nascimento, Franz Fanon, Guerreiro Ramos, Malcom X, Angela Davis, Solano Trindade e Lélia Gonzalez, só para citar alguns.

Eu queria mais. Comecei a participar das reuniões do AA (Alcoólicos Anônimos) da minha cidade com o objetivo de entender os processos de dependência, refletindo sobre a minha história de vida desde a infância no Rio de Janeiro, a minha família, as relações amorosas e a experiência como professora de teatro em escolas públicas e particulares. A questão do cabelo, o racismo estruturante e a sua relação com os crespos sempre voltavam ao cerne das minhas análises. Daí surgiu o título: seria possível só por hoje deixar o meu cabelo em paz? Passar 24 horas sem pensar nos cabelos crespos, sem questionar a sua inadequação diante dos padrões, sem pensar em modificar a sua estrutura? Seria possível assumir os crespos, descobrir outras opções estéticas, amar a alteridade? Por outro lado, os cabelos, o desejo da boa aparência nos moldes europeus predominantes, também faziam parte de um escopo de relações no mercado de trabalho, nas abordagens policiais, nas relações amorosas e até no contexto religioso.

Os textos falam também de uma pesquisa no campo da linguagem, em busca de termos para subverter a subalternidade que os cabelos dos negros têm na língua portuguesa, encontrando alternativas para termos depreciativos, revelando e desconstruindo outros. Trata-se de um caminho estético literário de insubmissão, de formação de uma personalidade literária que se reconstrói e flui após a descoberta da beleza e da liberdade de sermos quem somos. Aponta caminhos onde os cabelos constroem corpos mais ousados, íntimos, conscientes de suas potências, desafiando o sistema com outras performances estéticas, refazendo cabeças a partir de outros achados de si.

A primeira edição foi publicada em 2016. Seis anos depois o desafio continua presente e atual, transborda nos contextos midiáticos e além deles. Recebi com muita alegria o convite da Ed. Malê e considero extremamente oportuna a publicação da segunda edição deste livro, visto que a primeira foi independente. Espero alcançar um universo maior de leitores e pesquisadores cada vez mais ávidos por tecidos literários que tenham como tema central a experiência negra e o jeito de ser e de viver da população negra do nosso país.

Abraços,

Cristiane Sobral
Escritora, atriz e professora de teatro

"O negro que chama seus irmãos de cor a tomarem consciência de si próprios tentará apresentar-lhes a imagem exemplar de sua negritude e voltar-se para a sua própria alma a fim de aí captá-la. Ele se quer farol e espelho concomitantemente; o primeiro revolucionário será o anunciador da alma negra, o arauto que arrancará de si a negritude para estendê-la ao mundo, meio profeta, meio guerrilheiro, em suma, um poetan a acepção precisa da palavra vates".

(Jean Paul Sartre)

Sumário

Prefácio 13
Só por hoje vou deixar o meu cabelo em paz 19
Haicai cabelo 20
Ainda o pelo 21
Estética 22
Retina negra 23
Tridente, o meu pente 24
Espelhos tortos 25
Espelhos negros 27
Preto no preto 28
Fetiche 30
Amuleto da sorte 31
Carapinha bandeira 32
Luzeiros 33
Black no preto 34
Estômago 36
Manual melanina (leia em tom de ironia) 37
Óleo azeviche sobre tela 39
Palavras não são cascas 40
Com o verbo na carne 41
Espere o inesperado 42

Ancestralidade na alma	43
Petardo	44
Decepção	45
Escrava de estimação	47
Preto no branco	48
Paradoxos	49
Fantasia	51
Pretume	53
Cisne negro	54
Mestiço camaleão	56
O inevitável	58
Racismo à luz do dia	60
Mentiras	61
Os outros	62
Apenas uma gota	63
Cabeça feita	65
Meu pombo da paz	66
Blackness	67
Esses homens brancos de terno e gravata	69
Erro de português	71
Black Friday	72
Sambou?	74
20 de novembro	76
Ilusão de ótica	77
Tatuagem na alma	78
Amor libertador	79
Impressionismo	81
Reflexo	81
Nódoas?	82

Black tie..84
Luz negra..85
Legado..86
Direto de esquerda...87
Reza..88
Ensinar..89
Destino..90
Quando a mãe morre muito cedo..91
A menina...92
Aos infantes..93
Útero da terra..94
Amor de mãe e o príncipio da eternidade...................................95
Paideia..96
O meu menino..97
Esperança...98
As almas escolhem o seu destino...100
Dom da multiplicação..101
Fatal..102
Por enquanto é dor que desatina..103
Samba do amor...104
Amei..105
Muito além do próprio umbigo...106
Atormentada..107
Tente me amar..109
Com gosto de neve...110
Brisa..111
Jardim de inverno..112
Água viva..113
Flores?..115

Olga 117
Gozo 118
Orquídea deitada 119
Água na boca 120
Segredo de Estado 121
Flor do dia 122
Cidade "Playmobil" 123
Animália 124
Almoço dos calhordas 125
Língua de fogo 127
Na direção do sonho 128
Inoxidável 129
Voo livre 130
Tinta forte 131
Suplementos para a alma 132
Salvador Dali no meu pesadelo 133
A mão e a luva 134
Nascituro 135
Descompasso em tons de cinza 136
Quebra-cabeça 137
Ecologia emocional 138
Sustento 139
Um simples sorriso 140
Fazendo a cabeça 141
Caminhos abertos 142

Prefácio

Sou apaixonada por textos poéticos há muito tempo. Mas, como a maioria dos que estão em minha faixa etária, as poesias clássicas eram as mais acessadas. Sendo assim, iniciei o contato com a produção literária de negros e negras com mais afinco na última década. Comecei a observar os versos e prosas das mulheres negras de maneira muito mais restrita, se comparada aos que foram produzidos por homens. A publicação "Cadernos Negros" possibilita uma oportunidade ímpar para tomarmos ciência e nos degustarmos com as letras de homens e mulheres negras, mas não é um material de grande circulação, infelizmente.

Confesso que me aproximei dos escritos desses Cadernos quando eles já existiam havia quase duas décadas e me tomei de emoção e alegria em ver neles as escritas de algumas mulheres negras. Comecei então a pesquisar um pouco sobre as histórias de vida delas e, quando iniciei o doutorado, em 2009, caí também deliciosamente nos braços desta vertente da poesia feita no Brasil que alguns nomeiam como literatura afro-brasileira ou literatura negra.

Ao me aproximar dessas produções e, em especial, das que têm sido produzidas pela ótica feminina/mulher, fiquei arrebatada, entre outras, com a poesia de Cristiane Sobral. A partir daí, comecei a incluir seus poemas em minhas citações verbais e textuais. As pessoas em meu entorno, que até então não conheciam as suas letras, buscaram saber de quem se tratava e muitas começaram a compartilhar os textos de Sobral. Por que "consumimos" Sobral com tanto interesse?

Os motivos, creio, são vários, mas a sua língua e textos são afiados para combater as tessituras machistas e racistas que entremeiam o tecido social brasileiro. O primeiro poema de Cristiane Sobral que me tocou absurdamente foi "Não Vou Mais Lavar os Pratos". Depois me senti igualmente tocada com "Pixaim Elétrico" e tantos outros. A poeta não economiza tinta e perspicácia para ferir mortalmente aquele que pratica a discriminação, o preconceito, o machismo, o racismo e a homofobia. Com doçura, ela tece os seus versos também para falar da maternidade. Com a mesma matéria lírica, por vezes ela condena ferozmente quem se atreve a desdenhar do cabelo do negro e da negra. Ela escreve sobre a política de discriminação que engendra a sociedade brasileira e que mantém uma situação estrutural e estruturante de colonialismo, com disfarce, para tentar ludibriar muitas pessoas.

Nesta nova e deliciosa obra que me foi dado o privilégio e a honra de apresentar — "Só por hoje vou deixar o meu cabelo em paz" —, a escritora nos instiga a manter a altivez, a resistência, a elegância, o prazer e o gosto pelo viver afro.

Nos primeiros textos da obra, nos deparamos com um volume especial de tessituras relacionadas ao processo identitário vivido por muitos homens e mulheres negros: o cabelo. No poema "Só por hoje vou deixar o meu cabelo em paz", nota-se a denúncia/resistência ao fenômeno da imposição estética que se relaciona aos cabelos.

> *"Só por hoje*
> *vou deixar o meu cabelo em paz.*
> *Durante 24 horas serei capaz*
> *de tirar*
> *os óculos escuros modelo europeu que eu uso,*
> *enfrentar a claridade.*
> *Só por hoje."*

Em "Estética" está presente a negação a qualquer modelo de padronização, o que se intenta é um modo particular e subjetivo de experienciar a vida. A manutenção desse posicionamento está presente em vários outros momentos desta produção literária, como, por exemplo, no poema "Retina Negra", em que a personagem afirma:

> *"Sou preta fujona,*
> *preparada para enfrentar o sistema.*
> *Empino o black sem problema,*
> *invado a cena."*

Em "Tridente, o Meu Pente", a investida contra o preconceito adquire um tom de autoafirmação, da necessidade de explicitar o cabelo como bandeira política que espelha muitos sujeitos, além de questionar o sistema, e que reafirma o cabelo liso como o valoroso.

Em "Espelhos tortos" lemos o dilema de sujeitos que não sendo "carregados" na melanina, mas com a raiz ancestral manifestada na textura dos cabelos, sofrem muitas vezes pela impossibilidade de domar os cachos.

Assim, nessa primeira parte, a poeta se dedica com mais precisão à escrita das várias formas de visão do Outro e do próprio sujeito sobre o cabelo crespo, encrespado ou não liso. Lemos a incontestável tranquilidade das personagens ao interpretarem comportamentos dos mais variados possíveis sobre este tema tão importante quando se reflete sobre as relações étnico-raciais no Brasil, sobretudo no que tange à visão da sociedade sobre as mulheres negras e o que tem sido comumente considerado valor estético aceitável.

No que nomeio como segunda parte da obra, o ativismo político da autora se insurge, por meio de algumas personagens, no sentido de nos instigar à rebeldia necessária, no poema "Ancestralidade na Alma":

> "Eu não olho para o chão,
> minha alma não está nos meus pés,
> não sou bicho de estimação."

A escrita segue o seu curso abordando a necessidade de se afirmar a negritude em uma cidade descolorida. Penso eu, que gosto tanto de cores, esta é uma opção que aviva bastante o leitor ávido de referências positivas para o seu pertencimento étnico-racial. Em "Escrava de estimação", lemos:

> "Punhos sangrando,
> seios jorrando,
> sexo brotando
> pra servir de comida."

Mas também observamos a resistência a este estado de coisa, a crítica, a volta por cima, o basta, colocado no poema "Preto no branco", ao revelar a imagem de um país racista e excludente por natureza!

Em "Cabeça feita" o movimento é de reação, de otimismo, projeção:

> *"Podem me prender,*
> *podem me privar.*
> *Não vou negar,*
> *encontrei outro jeito de me enxergar."*

"Blackness" segue na mesma linha otimista, apontando a sobrevivência ao desânimo, reafirmando a busca das raízes afro e ancestrais, com segurança e positividade.

A riqueza da obra não finaliza com esses versos fortes, provocantes e instigadores. Em um terceiro momento, é possível ver deliciosas, líricas e, por que não, amargas leituras paralelas sobre o ser mulher, ora desejada, ora desejante, muitas vezes entristecida com a prostituição, com o assédio; muitas vezes fortalecida com as suas investidas contra o preconceito, o desamor, o descuido. Mulheres que aconselham os homens brancos de gravata a darem meia-volta e se conformarem com as suas escolhas brancas, famílias socialmente bem aceitas, obrigada. Fêmeas reprovando sujeitos de pele clara que buscam o calor nos braços da mulata, mas cometem um gravíssimo "Erro de português".

Por outro lado, no belo poema "Amei", lemos a singeleza deste sentimento que possibilita a humanização das relações e que perdura, ainda bem. Nos versos de "Tente me amar" o convite é para um companheirismo na relação amorosa, de maneira despretensiosa, solidária. Afinal, este convite deve mesmo ser de uma mulher, pois, como dito no poema "Voo livre", mulher é poderosa e pode, sim, enredar o Outro para uma relação em que o envolvimento seja real.

Outros textos seguem na mesma linha otimista, apontando a sobrevivência e resistência em uma sociedade permeada por sérios problemas na gestão administrativa. Em "Língua de fogo" a personagem denuncia a opressão e mostra sua tentativa de resistência ao código de fala impositivo.

Digo, por fim, que esta seleção de poemas escritos pela "poetriz" Cristiane Sobral é fecunda, necessária e oportuna, sobretudo neste momento em que atores sociais de várias vertentes da sociedade têm protagonizado cenas sistemáticas de extermínio da população afro-brasileira. Textos como esses, de lirismo, denúncia, reflexões e críticas, são fulcrais para o processo de resistência em relação ao esquema de opressão e de exclusão da população negra e não negra no Brasil. Parabéns, Sobral! "Caminhos abertos", pois acredito frontalmente, como você, que "Há liberdade nos pés que pisam a terra firme". Axé!

Rosália Diogo

Professora do Ensino Fundamental da Prefeitura Municipal de Belo Horizonte/Jornalista/Doutora em Letras/Literatura. Autora dos livros *Mídia* e *Racismo e Rasuras no Espelho de Narciso: educadoras negras e a crítica à representação de negros e negras na mídia*. Pesquisadora da Capes. Professora do Middlebury College, EUA.

Só por hoje vou deixar o meu cabelo em paz

Só por hoje
vou deixar o meu cabelo em paz
Durante 24 horas serei capaz
de tirar
os óculos escuros modelo europeu que eu uso,
enfrentar a claridade
Só por hoje

Só por hoje
Durante 24 horas
serei capaz
de contemplar o que sou

Só por hoje
Encarar a claridade
sem as sedutoras lentes
que nos ensinam
a desejar ser quem não somos.

Só por hoje
Desafiar a claridade
com os escurecimentos necessários
de um olhar "3D"

Só por hoje
Só por hoje
vou deixar o meu cabelo em paz

Haicai cabelo

Se o cabelo é só um pelo,
por que todo esse novelo
na situação?

Ainda o pelo

Cortei o cabelo,
agora meu cerebelo toca o céu

Cortei o cabelo,
paguei o aluguel sem esforço
Fiquei mais exposta ao plutônio,
mas ativei tanto meu neurônio que nem sei

Cortei o cabelo
Renasci
liberta da faculdade dos cabelos.

Do meu lado nenhum pelo,
nenhum tolo.

Cortei o cabelo
Fiquei sem
nota cem

Amém

Estética

Hoje não irei à manicure
Quero um tratamento
a me curar por dentro

Hoje eu não quero ir ao cabeleireiro
Seria necessário converter um país inteiro
para conseguir um corte com a expressão da minha identidade.

Retina negra

Sou preta fujona

Recuso diariamente o espelho
que tenta me massacrar por dentro
que tenta me iludir com mentiras brancas
que tenta me descolorir com os seus feixes de luz

Sou preta fujona
Preparada para enfrentar o sistema
Empino o black sem problema
Invado a cena.

Sou preta fujona
Defendo um escurecimento necessário
Enfio o pé na porta da casa grande
Tiro qualquer racista do armário

E entro

Tridente, o meu pente

O meu pente é diferente
Funciona muito bem.
Não é um pente ruim!
É próprio para o meu pixaim

Não deboche,
não provoque
Vou deixar você sem jeito
Espetar o seu preconceito

Meu cabelo não é duro,
nem bom, nem ruim, nem melhor
Afirmo a dialética da percepção
A alteridade de ser como sou.

Não deboche
Não provoque.
Vou deixar você sem jeito
Espetar o seu preconceito.

Diferente, o meu pente
Quase um tridente
Transforma a ordem
sem fazer desordem

Diferente, o meu tridente,
diante do princípio do caos,
convida o sistema a refazer as suas concepções
para desafiar a história única

Espelhos tortos

Ela não se sentia abençoada
Tinha a pele nem tão escura,
mas a cabeleira cheia, encrespada...
Aos pés do Pai, sem paz,
sentia-se desgarrada

Por que não foi feita branca
Olhos azuis
Como a imagem do Criador
o filho da luz?

Orou fervorosamente
De tanto manipular um produto
com persistência
Depois de intermináveis dias
descobriu um curioso dom
Conseguiu enfim o milagre
A cura para o cabelo "ruim".
Que bom!

Agora estava liberta
Em paz com a sua fé
na igreja sempre ficava de pé
Ostentava o seu cabelo finalmente liso
Inacreditavelmente longo, que batia nas costas

Lamentavelmente, ignorava
ao mirar-se em seus espelhos tortos
as irônicas apostas que diziam com certeza:
o seu cabelo nunca estaria nos padrões de beleza

Espelhos negros

Quando você apareceu
o eclipse aconteceu
Meu cabelo ficou do jeito que eu queria
Pude cozinhar o secador em "banho maria"

Ainda bem que você surgiu!
Minha autoestima refletiu
Tomei tesão como medicação a semana inteira
A mulher forte e decidida saiu da geladeira

Mas eu também cheguei!
Cheguei mais perto do espelho do banheiro...
Olhei e percebi quão melhor fiquei
Muito mais negra, enfrentando o mundo inteiro

Nós dois, que perigo para a humanidade!
Se a comunidade negra,
forte, unida, de verdade,
começar a se reproduzir,
o mundo inteiro vai sacudir

Preto no preto

Meu cabelo sem vestígios de lisura incomoda
Não alisa nem se conforma
Com os tais padrões não dialogo
Imponho a minha diferença
Minha marca de nascença
Minha identidade

Nasci tatuada com a minha cor
Escorre pelos meus fios
a história dos meus ancestrais

Autenticidade é peça de antiguidade
Ficou fora de moda,
não veste bem
Seria mais conveniente aceitar os progressos
de algumas escovas,
treinadas para resolver os dilemas seculares
de um país que enxerga a própria imagem
em um espelho distorcido

Não me iludo com o Brasil das novelas
Sonho com outras telas
Meu espelho é preto no preto
Meu reflexo brilha no escuro
a iluminar caminhos com escurecimentos necessários

Eu não olho para o chão
Nem tenho medo da escuridão
Na escuridão está a vitória
o mito da democracia racial que anestesia a memória
Essa ilusão que segue contaminando a história
nunca vai me enganar

Fetiche

Adoro os seus cabelos
Seus pelos
crespos
fartos
Árvores frondosas
Cheias,
frutuosas,
rebeldes e contra a extinção

Amuleto da sorte

Empino os meus cabelos
combatendo a anemia espiritual,
fruto da ignorância
de quem atribuiu a Cam a raiz do mal

Perfumados por um óleo ungido cheio de cura e vida
Crespos, revoltos, empoderados
Para o alto e avante

Vou à luta com o meu pixaim, meu Baobá,
enfrentando mentiras para escravizar o povo preto

Os cabelos meus,
os cabelos de Deus,
estão no alto, teto das ideias, cúpula do paraíso

Vou à luta com o meu pixaim, meu Baobá,
enfrentando mentiras para escravizar o povo preto

Os cabelos meus,
os cabelos de Deus,
têm cheiro de liberdade
têm cheiro de liberdade

Os cabelos meus estão no topo do mundo
abrindo caminhos de prosperidade

Carapinha bandeira

No fim daquele inerte dia
ainda deu tempo de ouvir
um grito enérgico
escancarando as frestas da noite

Puxando
Içando
Erguendo a carapinha bandeira

Inundando as retinas do planeta
com uma nova energia libertadora.

Luzeiros

Olhos de águia brilhantes
emoldurados pelas invencíveis madeixas crespas
imponentes, empoderadas,
preenchidas por reflexos do sol

Miradouros
Olhos de farol
acesos,
escaneando as brechas do dia
para reluzir à noite
com a força das suas raízes

Caleidoscópios,
luzeiros sagazes,
recolhendo as flechas douradas
da diáspora negra dispersa pelo Atlântico
para iluminar caminhos de libertação

Black no preto

Um preto de Black Power é suspeito
Não foi alisado? Não foi iludido?
Não foi cooptado pelo sistema?

Um preto de Black Power
deve ser perigoso,
vagabundo, meliante,
qualquer coisa que não preste

Preto é sempre preto
e não nega a raça

Um preto de Black Power
é melhor prestar atenção
Elemento cor padrão?
Deve ser investigado...

Um preto de cabelo em pé
Ora, que ousadia
Raspem a cabeça
antes que ele esqueça
que não deve ter opinião,
que não pode ser livre
Não pode, não

Esse preto é pura ameaça
daqui não passa...
Levem, raspem e joguem na prisão!
O sistema carcerário é a solução
Transforma bandido em cidadão
Viram?
Tirando o Black Power,
surge o homem de bem
Aparência nota cem
Um preto de alma branca

Nunca sofreu racismo
É fruto do capitalismo.
Está tudo bem

Estômago

Na primeira vez em que me bateram na cara
ardeu muito mais do que as surras de vara
As de marmelo cantavam em tom agudo, assobiavam
debochando do meu sangue vermelho escuro
Um soco no nariz é das dores mais ácidas
Não sei porque a gente pula quando sente dor
Não sei porque a gente pula quando sente amor
Mas também nunca fui amada

Paulada no joelho dói tanto que causa desmaio
O frio na rua também não é brincadeira
Pior que isso só as mordidas de rato
Roedores trazem miséria minha, senhor, é fato
Dormir no papelão nunca tira do corpo o cansaço
Por isso não entrei no Instituto de Saúde Mental
Não tem remédio pra minha dor
O trauma, e a doída lembrança da escola
onde eu costumava ser chamada de burra

Médicos não gostam de gente preta
Acham que meninas não sentem dor
Só as filhas deles são crianças
Médicos não gostam de mulheres
Só das mulheres deles
Nelas, alguns costumam bater
até a raiva esquecer

Manual melanina
(leia em tom de ironia)

É melhor para um preto
acender a luz,
ficar quietinho,
sorrir bastante,
usar tons pastéis

Por favor, pretos,
abaixem a cabeça
A humildade é um dom
Não gritem
Mostrem os dentes brancos
a qualquer um

Pretinhos,
sejam simpáticos
Nunca conscientes,
muito menos exigentes
Vivam sem reclamar

Façam bom uso dos seus corpos rijos!
Consigam casamentos brancos,
Tenham filhos pálidos
Mantenham os cabelos presos
e lisos

Agindo assim serão felizes!
Aprendam a fingir como as atrizes
de televisão

Lembrem-se, meus irmãos:
cada dia mais alvos,
absorvendo toda a clareza
que estiver à disposição

Agindo assim serão prósperos
Serão lúcidos
Que a brancura seja uma meta,
uma opção
De posse do manual melanina
vocês vencerão

Óleo azeviche sobre tela

Quero escurecer a página pálida
com a precisão da letra preta,
insolente.

Conquistarei essa página tão alva
convidá-la-ei ao preto,
ao preto no preto.

Pintarei a página toda de preto
Escurecerei os horizontes.
Ideias surgirão aos montes

Só então escreverei

Palavras não são cascas

Palavras não são cascas
mas às vezes é preciso ir descascando mentiras brancas
Colocar as cascas para secar ao sol
revelando escurecimentos necessários.

Palavras não são cascas
mas às vezes revelam
camadas ocultas da emoção das pessoas
que, depois de descobertas
caem como máscaras, mostrando a pele preta
coberta pelos agasalhos do embranquecimento

Palavras não são cascas
Às vezes desafiam as identidades
mostrando a quem quiser ver
o sentido nu e cru da realidade

Palavras não são cascas
Podem cutucar mentiras
empalidecidas pela discriminação
Descascar a hipocrisia defendida
pelos que aceitam ser
as criaturas exóticas do momento

Palavras não são cascas
Podem revelar o racismo à luz do dia

Com o verbo na carne

Esse texto deve ser aberto com bisturi
para refletir sonhos alheios
Nas palavras
deixarei pistas de salvação

Esse texto deve ser aberto com bisturi..
O verbo cheio de carne
vai derramar sangue negro em seu rosto
Suas mãos brancas
serão salpicadas de um vermelho quente e vivo
Nas palavras deixarei pistas de salvação

Esse texto deve ser aberto sobre a mesa
para que reflita toda a sua luz
Depois
que seja oferecido
como o melhor tecido da última estação

Esse texto deve ser aberto com bisturi
Valorizado como pérola
Nunca distribuído aos porcos
depois da refeição

Espere o inesperado

Sou pássaro preto,
estendo as minhas asas
coloco fogo na dor
Espalho as cinzas negras pelo meu corpo
Forjo uma pele nova a cada momento
Jogo as cinzas ao vento
e voo
Águia negra
a ressuscitar diante de qualquer tempestade

Mais forte,
Mais célebre
Mais viva.

Mais leve
Mais lúcida
Mais nítida

Espere o inesperado

Ancestralidade na alma

Eu não olho para o chão
Minha alma não está nos meus pés
Não sou bicho de estimação

Meus dentes brancos não desperdiçam risos fúteis
Meus quadris largos não servem apenas para gingar
Meus seios fartos!
Talvez não sejam destinados a amamentar

Eu não olho para o chão
Minha alma não está nos meus pés
Não sou bicho de estimação

Não sou animadora de festa,
nem carrego tudo e todos nas costas
Não sou o anjo negro consolador

Eu não olho para o chão
Minha alma não está nos meus pés
Não sou bicho de estimação

Escrevo palavras negras
tatuando
a ancestralidade na alma
para refletir a nossa luz

Petardo

Escrevi aquela estória escura sim
Soltei meu grito crioulo sem medo
pra você saber
Faço questão de ser negra nessa cidade descolorida

Doa a quem doer
Faço questão de empinar meu cabelo cheio de poder
Encresparei sempre
em meio a esta noite embriagada de trejeitos brancos e fúteis

Escrevi aquele conto negro bem sóbria
pra você perceber de uma vez por todas
que entre a minha pele e o papel que embrulha os seus cadernos
não há comparação parda cabível
Há um oceano
O mesmo mar cemitério que abriga os meus antepassados assassinados
por essa mesma escravidão que ainda nos oprime

Escrevi
Escrevo,
Escreverei

Com letras garrafais
em vermelho vivo,
pra você lembrar
que jorrou muito sangue

Decepção

Cresci como planta assustada,
arrancada precocemente da raiz
Nunca fui tratada com respeito
Nem sei como vinguei
com todo mundo querendo pegar
apertar meu peito
bater na minha bunda

Nunca fui tratada com respeito
Gritavam comigo a todo instante,
não respondiam aos meus porquês
Sentia frio, fome e solidão

Nunca fui tratada com respeito
Nunca fui amada
Beijar, que nada
Eu não era digna

Zombavam da minha pele preta
Debochavam das minhas coxas grossas
Puxavam o meu cabelo denominado "ruim"
Batiam na minha cara por qualquer motivo

Eu me alimentei das minhas ausências
Nem sei como venci todas as minhas urgências
Consegui fazer brotar os meus frutos

Renasci
Triturei minha dor
comi minhas próprias cinzas
mas deixei um pouco para forjar uma nova pele

Eu me vinguei sendo muito mais negra
Eu me vinguei sendo mais sábia
Eu me vinguei sendo muito mais feliz

Hoje sou dona dos meus caminhos
Tatuei as minhas cicatrizes como quem borda ninhos.
Tenho as chaves do meu prazer
Sou pérola negra
aprendi a receita do bem viver

Escrava de estimação

Punhos sangrando
Seios jorrando
Sexo brotando
pra servir de comida

A mais próxima?
A mais útil?
A mais apta?

Escrava de estimação
Seu corpo como chão
Suas pernas como encosto do patrão

A mais clara?
 A mais mais?
A "miss"?

Escrava de estimação
Tristeza teve seu fim
Conseguiu enterrar seu pranto
inundado nas águas vermelho-sangue
onde, agonizando em seu banzo
pôde sua dor apagar

Preto no branco

Refletir a luz negra na cara de pau
de um país estrategicamente embranquecido
Ocupar páginas em branco
com alguns escurecimentos necessários

Desenhar outros horizontes
em minhas vistas cansadas
da monotonia padronizada
da visão distorcida
provocada pela televisão

Preto no branco
Procurar a inclusão de outros tons
diante da hegemonia dos estereótipos
Desafiar o mito da democracia racial

Preto no branco
ocupar páginas em branco
com palavras negras
para refletir a nossa luz

Paradoxos

Acho absurdo ter que viver aqui
em uma dimensão onde ser negra é motivo de piada
Acho um absurdo ter que viver
sendo ofendida pela cor da pele,
pelo cabelo crespo,
sendo enganada pela largura dos quadris
Outro dia entrei em uma loja
A vendedora queria saber
se eu gostaria de uma pele branca pra sair
Acho absurdo

Em outra ocasião entrei em uma igreja
O padre queria saber
se eu estaria disposta a sofrer aqui
pra ganhar uma alma branca ali
Acho absurdo

Por outro lado
os outros é que são brancos
Como posso ficar invisível com tanta cor?

O desprezo que sofro todos os dias,
a ironia,
acho absurdo!

Tão confusa que até tive um pesadelo
Eu queria uma roupa branca pra sair
Ficar bonita e parecida com o padrão,
mas vestia uma roupa preta tão aderente...
Não conseguia a roupa branca
Não conseguia... Absurdo

Se eu tivesse uma pele branca
talvez fosse amada
Quem sabe um marido,
quem sabe filhos
Mundo absurdo

Eu queria mesmo ser estilista da humanidade
Lançaria a coleção
vista a minha pele
Vista a minha pele!
Quem sabe...
Talvez em um universo absurdo
pudéssemos compartilhar algo concreto
e tudo começasse a fazer sentido

Fantasia

Hoje acordei branca,
loira, olhos azuis
Na verdade, nem levantei da cama
porque, segundo as estatísticas
as brancas ganham mais
as brancas vivem mais
as brancas vivem
Nem fui à entrevista de emprego
porque, como as brancas
já estou empregada.
Não fiquei horas diante do espelho
Meu cabelo era lindo por natureza
Aceito por todos,
sem distinção
Já que eu era padrão,
Como branca, resolvi sair
O carro já estava na garagem
Eu morava em um bairro de luxo
Resolvi ir ao shopping
passear
Descobri que podia ganhar muitas cortesias nos shoppings
Um policial quis saber se eu precisava de alguma coisa
Sorriu
Eu gelei de medo
Ainda habitando, pelo menos por dentro
o corpo negro perseguido

escravizado
tão sofrido
Sentei na calçada e, como branca, chorei
 O que, para o espanto geral
causou comoção

Recebi ofertas de emprego
pedidos de casamento
propostas para ingresso na carreira de modelo
Um sem fim de propostas
Ao fim do dia
eu sabia que voltaria a ser negra
Tive a imediata certeza
de que o racismo não era filosofia
Não era, não
Percebi desde o bom dia
como a vida poderia ser diferente da que eu vivia

Pretume

Sorte
Sorriso negro
brotando da minha pele escura

Morte
Esclarecimentos a fórceps
Engasgados
Engolidos a seco

A cada dia sinto-me mais preta
repleta de um pretume intenso
negrícia de valor

Morte
Engolir um dicionário pálido
que não me contempla

Sorte,
Sinto o cheiro do negrume
a tomar posse de tudo o que sou
infinitamente

Cisne negro

Vestia branco
para agradar os patos
Escondia os cabelos
Disfarçava sua cor

Cisne negro,
pouco à vontade na lagoa
Onde somente os patos tentavam pegar uma cor
Sua pele preta chamava a atenção
Desconhecia o poder da revolução

Cisne negro
Era o patinho feio do lugar,
mas o reino da noite um dia encontrou
Os patos não eram os únicos, logo constatou
Aprendeu a sua diferença admirar

Cisne negro
Um cisne não podia ser pato
Era preciso enxergar o fato
A gente só pode ser o que é
A verdade fortalece a fé

Cisne negro
Agora veste preto com prazer
Vê o mundo com olhos coloridos

Enxerga a beleza
dos cisnes e dos patos

Mestiço camaleão

Mestiço camaleão
Mudava de cor a cada situação
Trocava a pele como serpente
para se defender

Preto no meio dos brancos
Mestiço no mundo negro
Vestia uma pele diferente
para sobreviver

Nunca imaginou
viver de forma consciente,
nem aprendeu
a aceitar sua origem diferente

Mestiço camaleão,
embranquecia durante o dia
por pura ambição
À noite, escurecia,
oferecia o corpo para degustação

Certo dia
foi encontrado em um beco
na madrugada escura
Suas fantasias vestiam
uma alma branca

Agonizava...
De sua boca pálida pingava um veneno escuro
com gosto de miscigenação

Mestiço camaleão
no derradeiro instante
ainda tentou se transformar em um gato pardo
mas não tinha sete vidas

O inevitável

Todos os dias afirmo as minhas raízes
nas palmas meio rosadas das minhas mãos
Na sola dos pés
estão os traços nunca revelados

Todos os dias amanheço
diante de uma fragmentada diáspora
que o sistema distorceu e apagou
Imagem sem espelho,
feição sem semelhante,
de origem envolta na raiz do insondável

Por não pertencer a ninguém
falo para todo mundo
Por não ter pouso certo
sempre vou ao fundo
na raiz das coisas

Todos os dias sigo
a desafiar insondáveis mistérios
Pareço com todo mundo
Pareço comigo mesma
Tenho a cara de um povo
que nasce do jeito que pode

Todos os dias,
envolta numa fina película transparente
minha alma deseja tocar o coração do mundo
de forma a revelar as luzes do universo

Sigo a interpretar os meus mistérios

Racismo à luz do dia

Não quero morrer porque nunca vi anjo preto no céu
Pra onde eu vou, meu Deus
Que papel!

Estamos aqui sofrendo
Passando em branco,
massacrados à luz do dia

Não há paz nem na inocente padaria
onde eu costumava com fé
procurar a calma
em um copo de café

Mentiras

Igualdade que descaracteriza
Mistura que não traz envolvimento
Diferença que inferioriza
Falácias de um país em desenvolvimento

Alma pintada de branco
Socialismo burro e manco
O racismo continua sendo tratado como brincadeira
mas, para negros e brancos,
o sapato não aperta da mesma maneira

Ousem olhar para trás
Tratem desigualmente os desiguais
Abaixo o mito da democracia racial, essa piada
Abaixo à miscigenação subordinada

Mentiras à luz do dia,
mentiras em tom de ironia
Mentiras sinceras
Insanas quimeras

Mentiras, mentiras, mentiras
Hipócritas, essas feras
a embranquecer meu juízo
Mentiras que eu pulverizo
com o sangue que ainda jorra das peles pretas,
pingando gotas de negra verdade

Os outros

Somos discriminados
porque estamos do lado de cá
Somos discriminados com violência

Os que estão do lado de lá tratam muito bem os seus,
mas agridem os outros,
os que não conhecem, e por isso desprezam

Seres estranhos,
altruístas com os seus,
cruéis com os outros,
tratados com displicência

Seres estranhos
Homens com medo de homens
comportando-se como animais irracionais

Estranhos
defendendo suas certezas
em nome de uma primazia étnica

Seres estranhos
Os outros...

Apenas uma gota

O mundo precisa de transformação
Precisa parar de tocar a mesma canção

Apenas uma gota de sangue negro
na TV,
nas grandes empresas,
na cabeça branca do brasileiro,
na hipocrisia pálida

Até quando?
 Até quando?
 Até quando?

Apenas uma gota de sangue negro
no alto escalão,
no concurso de beleza,
no topo da riqueza,
no discurso da religião

Até quando?
Até quando?
Até quando?

Esse sangue escorre
Grita por igualdade
É preciso um chumaço de algodão

embebido em carvão
inundando as telas
nas tintas do autor de novelas,
decretando o extermínio dessas balelas

Até quando?
Até quando?
Até quando?

O mundo segue sem solução
enquanto houver racismo e discriminação

Cabeça feita

Resolvi fazer a cabeça
Ocupar páginas em branco
com palavras negras
para refletir a nossa luz

No meu espelho negro
meu reflexo brilha no escuro
Preto no preto!
A iluminar caminhos
com escurecimentos necessários

Podem me prender
Podem me privar
Não vou negar,
encontrei outro jeito de me enxergar

Podem me prender
podem me privar.
Minha dignidade ninguém vai levar
Minha identidade ninguém vai comprar

Já programei meus neurônios
Enchi minha cabeça de sonhos
Cabeça feita, cabeça feita...
Caminhos, ideias, desenhos na fronte
desafiam o horizonte.

Meu pombo da paz

Mandem um pombo preto
preciso de paz
Uma paz que respeite
a minha alteridade
Preciso da minha paz

Mandem um pombo preto
Não quero pasmaceira,
nem os pombinhos brancos
que fazem o jogo de sempre
Branco fingindo que não discrimina
Preto que não reage
Mestiço que finge ser branco

Mandem um pombo preto
e avisem:
estarei em paz

Blackness

Blackness, blackness
Duas vezes ao dia,
a humanidade do negro como filosofia
Blackness, blackness.
Duas vezes ao dia

Sobrevivi ao terrorismo do desânimo
olhando pra trás sem medo,
mergulhando em minhas raízes,
afrocentrando meu corpo,
aprendendo com meus ancestrais

Blackness, blackness.
Duas vezes ao dia,
a humanidade do negro como filosofia
Blackness, blackness.
Duas vezes ao dia

O boi da cara preta revelou sua identidade,
Apareceu consciente de sua alteridade.
Conversamos sobre as urgências da negritude
Decidi levar uma existência menos hermética,
focando na minha africanidade sincrética

Blackness, blackness.
Duas vezes ao dia
a humanidade do negro como filosofia

Blackness, blackness.
Duas vezes ao dia
Coloque isso na sua mente
Não há como tornar-se negro impunemente
É preciso resgatar cada irmão
Mais solidariedade no nosso quilombo chão

Blackness, blackness
Duas vezes ao dia
a humanidade do negro como filosofia
Blackness, blackness
Duas vezes ao dia

Esses homens brancos de terno e gravata

Não entendo esses homens brancos
quando tiram a aliança do dedo
esquecendo que as falanges deixam marcas de sol
Não entendo esses homens
sempre meninos
em busca de proteção

Não entendo esses homens brancos de terno e gravata
Sinto muito
mas no meu colo negro não
Não comerei do banquete inimigo
Voltem para casa com o mesmo vazio de sempre
e contemplem as suas escolhas
A esposa flácida
As filhas loucas
Os cães mimados

Quem é que entende esses homens
tipo exportação, representantes da nata
Sentados nas lanchonetes comendo hambúrgueres com batata
como crianças
Eles falam em igualdade pela metade
porque a mão que cumprimenta gostaria de acariciar sem culpa, mas é católica
Não consegue

Não entendo
Não entendo

Nem preciso

Erro de português

Tira a mão do meu quadril
Não sou mulata exportação Brasil
Você vacilou, perdeu a vez,
enjoei do seu perfume francês

Bancou o superior com seu estilo europeu
Essa cooperação internacional já deu
Fazendo piadas, ei, meu cabelo não é bombril
pra remediar me chamando de "a preta mais linda que você já viu".

Você desconhece a profundidade da minha língua
Minha saliva tem tupi, guarani,
banto com yorubá
italiano com sueco e tupinambá
Vai ler muito livrinho de história
pra me contextualizar na sua memória

Agora é a minha vez... Você não sabe o que fez?
Vem cá, neguinha exótica do meu coração?
Pensa que é malandro?
Que vai cavalgar na situação?

Sua diplomaticamente elaborada cara simpática
não entra mais na minha gramática
Não adianta apelar para a reforma ortográfica...
Você foi reprovado pelo seu erro
Erro de português

Black Friday

Alguns homens sonham com meu corpo
entre os seus lençóis,
desejam desesperadamente
consumir meu sexo,
mas não suportariam meu banzo
Meu clamor
Não aguentariam vestir a minha pele negra
nem por um segundo

Eles poderiam tomar posse de tudo que sou
e até germinar ali os seus filhos,
mas sairiam sem olhar pra trás

Esses homens devorariam o meu corpo
com ardor
Como lobos, sugariam o meu interior
até secar meu ventre
Impunes
voltariam para os seus lares
sem o meu menor pudor

Tenho medo desses homens
que rezam para o criador
que juram um falso amor
Eu tenho medo desses homens

Não aceito os seus sorrisos,
nem me iludo com as suas promessas
Não sou produto com desconto
Esqueçam as ofertas

Black Friday
Meu corpo nunca estará em liquidação!
Para vocês jamais venderei barato
o que sempre custará o dobro

Sambou?

Tirem a mão da minha bunda
Ninguém mais brinca nessa cidade
Devolvam o meu carnaval
Nunca vi essa avenida tão imunda

Até o samba é de péssima qualidade
Nem com toda cerveja do mundo eu ficaria legal

Aliás
não me iludo com a bebida
estrategicamente distribuída no camarote dos hipócritas
onde a elite joga pérolas para os porcos
Onde estão os negros?
Onde estão os velhos?
Deixem-me no chão,
devolvam meu carnaval

Ainda colocam na primeira página do jornal
Tá todo mundo celebrando o mito da democracia racial!
O capitalismo é mesmo manco e sem jeito
Olha esse gringo louco pra mamar em um peito
Devolvam meu carnaval

A violência está desfilando desafinada no bloco da testosterona
enquanto alguns policiais fingem que cantam a marchinha
Todo mundo é suspeito, baixei o cacete, mas estava na minha

Sem essa de colocar a verdade sobre a mesa
Juro que foi legítima defesa
Olha o que fizeram com o meu carnaval
Eu fui reclamar e parei no hospital
Disseram que estou ficando velha,
que seria melhor desfilar de Amélia
na cozinha do meu quintal

Cadê meu carnaval?
Sambou?
Não sabe sambar?
Mexa os dedinhos...
 Sambou?

20 de novembro

Não fale comigo nesse tom
Talvez seja necessário escurecer para você entender
Não venha me dizer com ironia que a coisa está preta,
que hoje é dia de branco,
com intenção de distorcer a minha identidade

Não fale comigo nesse tom
Compartilhamos a mesma língua portuguesa,
mas tenho o direito de escolher outras palavras,
de recusar estereótipos que não me servem
Talvez seja necessário escurecer para você entender

Não fale comigo nesse tom
Não adianta apelar para os seus jogos de poder
Aprendi a ler as entrelinhas da falsa libertação do 13 de maio
Encontrei em mim a chave que abre os caminhos da coragem

Nunca mais ouvirei esse seu tom
Quando escurecer, você vai se surpreender
ou ser mais feliz em algum quilombo lá fora
Ninguém vai me segurar

Ilusão de ótica

Eu queria que você pudesse entender minha negritude
com os reflexos do mito da democracia racial
provocando lágrimas em seus olhos

Diante de outro ponto de vista,
talvez você pudesse admitir a sua visão distorcida,
suas opções estéticas equivocadas,
seus modelos de beleza programados pela televisão

Eu queria que você compreendesse
a pele negra não é uma fantasia para o desfile do carnaval
Não é uma capa para encobrir identidades maltratadas
A pele negra não é mais quente,
nem mais forte, nem mais exótica

Eu queria que você pudesse
enxergar com os óculos da percepção
muito além da minha melanina e dos meus quadris

Eu queria que você pudesse ir além do seu desejo
que pudesse enxergar o meu coração
Mas talvez eu não estivesse enxergando muito bem
porque hoje compreendi o quanto o meu amor estava cego
por trás dos meus óculos românticos.

Tatuagem na alma

Eu queria apenas uma noite contigo
Negra, intensa, inesquecível
Seus braços fortes tocando o meu corpo,
suas mãos acariciando a minha pele escura
Eu queria amanhecer com a minha luz na sua face,
sua cor de ébano refletindo meus olhos castanhos,
meus cabelos crespos roçando no seu peito nu

Eu queria apenas uma noite contigo,
incrivelmente vestida de noite
À luz da lua,
com as suas mãos de dedos enormes
invadindo as profundezas do meu prazer

Apenas uma noite contigo,
com os seus dedos apontando,
visitando os meus desejos mais ocultos,
sussurrando caminhos dentro de mim

Apenas uma noite
com a sua carne invadindo a minha alma
Contigo
rasgando a minha escuridão
derramando os seus fluidos nas minhas entranhas
Apenas uma noite
eterna na memória de uma vida inteira

Amor libertador

Meu anjo negro protetor
Aqui fala a sua pretinha
Quero que todos ouçam:
Eu morri!

Quando encontrei você
meu espelho estava distorcido
Lembra?
Minhas madeixas eram alisadas
e a minha alma, branca
Ninguém havia apresentado aos meus olhos
a verdadeira beleza

Renasci, qual fênix, carapinha trançada,
dignidade em punho,
de frente para o mundo

Hoje, caminhos pelas ruas do nosso país
cheios de orgulho negro,
colorindo esse nosso amor libertador
nas paredes do mundo inteiro
Vivendo a nossa juventude
O poder de romper barreiras...

Tua coragem agora também é minha
Eu, tua sacerdotisa negra,
livre!

Impressionismo

Nos seus olhos castanhos o reflexo
da minha pele escura
coberta pela cor vermelho-sexo
matiz desejo da mistura

Na luz, sua pele cor de azeviche
tatuada com meu batom escarlate
mesclado ao meu tom chocolate
foi degustada como fetiche

A cor mostrou suas impressões
despertando a realidade nua do desejo,
pintando paixão no contorno das sensações,
dando vida aos corpos neoclássicos

As razões da cor tingiram o sentimento
Pincelando os matizes das suas razões,
misturando o sangue e tatuando os corações
com o gosto do prazer apimentando o momento

Reflexo

Quando eu olho pra você,
sua pele preta acende a luz
e brilha diante dos meus olhos

Nódoas?

Certo dia,
as coisas ficaram quentes entre nós
Não do jeito que eu queria
Você costumava extrapolar com seu racismo às avessas
Sempre ridicularizando a minha tonalidade de pele nem tão retinta
Soltando faíscas de mau humor
Provocando brigas à luz do dia

Nada como um banho revelador
para dar um basta na sua supremacia preta
sob o chuveiro
Na tentativa de dissolver as nódoas,
de tirar de vez as máscaras da ignorância
comecei a esfregar sua pele negra com vigor
quando vi a alva espuma
a escorrer pelo seu peito cabeludo
Atirei uma flecha envenenada de mágoa
sorrindo, irônica,
com meus dentes brancos

Ué?
100% negro com peito cabeludo?
Encaracolado?
Como assim? Estava nua e crua
Na sua cara agora pálida de constrangimento,
a marca da sua miscigenação

Sua arrogância 100% negra
agora estraçalhada
escorreu por água abaixo
Enquanto eu perguntava
agora liberta da opressão:
Deu branco, negão?

Black tie

Completamente vestida de noite
despindo as máscaras pálidas do dia
a fim de encontrar a pele negra da madrugada

Luz negra

Na madrugada escura
sua pele negra
acendeu a luz do meu desejo

De lanterna em punho,
mergulhei na sua carne trêmula
e senti o reflexo da claridade na minha alma

Legado

Contra tudo e contra todos
nosso amor e nossa negritude vencerão com coragem
exigindo direitos e combatendo qualquer sacanagem
Nossos frutos serão negros de valor
Ninguém vai deixar passar "em branco" o nosso amor

Direto de esquerda

Minha tinta é escura
Hipocrisia e mediocridade
minha alma não atura

Reza

Preto velho me ensinou:
Quando entrar em casa
tire os sapatos
e não coloque na boca
a sujeira da rua

Ensinar

Aprender para ser
Convidar o Ori
a cair em si.

Ensinar
Olhar pra dentro
enxergando com lucidez
o próprio ser

Ensinar
Convidar o Ori
a cair em si
Conhecer o Odu
e aceitar o que somos

Destino

A cada dia sigo
com passos cada vez mais firmes
em direção à morte
Minha única certeza

Quando a mãe morre muito cedo

Quando a mãe morre muito cedo
a criança cresce com medo
Leva a vida meio desconfiada
com medo de ser abandonada

Quando a mãe morre muito cedo
a miúda fica sem limite
Arriscando a vida como palpite
Temperando sorrisos com humor azedo

Quando a mãe morre muito cedo
a pureza perde a menina
Sem tempo de ser pequenina,
seu coração sofre em segredo

Quando a mãe morre muito cedo
a órfã não saboreia o brinquedo
Enfrenta o mundo assustador
levando sempre consigo essa dor

Quando a mãe morre muito cedo
não existe mais triste enredo
Que sacrilégio, meu Senhor
Infantes não deviam sofrer esse amargor

A menina

A menina que mora em mim
há muito tempo não me visita
Está assustada dentro de mim
Escondida em algum lugar

A menina ficou perdida
em meu labirinto de realizações
Derrubei as árvores do seu brincar
Não deixei vista para o mar

Sinto saudades da menina que mora em mim
Preciso de sua delicadeza,
da pureza e da alegria nos seus lábios

A menina que mora em mim
Eu esperei quando fui deitar
colocando rosas brancas nos olhos

Aos infantes

Meus filhos me fizeram colocar os pés no chão
Bem firmes
para que eles não caíssem do meu colo
Mas também motivaram novos voos

Descobri como ativar a intuição
para decifrar línguas estranhas
Desenvolver outras formas de comunicação
Meus filhos me fizeram ser múltipla, rápida, única

Descobri a magia de não ser importante
De morrer suavemente
para atender as necessidades deles num repente
Para estar pronta em um instante

Meus filhos me deram visão além do alcance
para enxergar de longe os perigos da estrada

Meus filhos me deram paz
Meus filhos me deram pés
estendendo as colunas da minha casa
Contemplando a minha descendência
Ancestralidade que se perpetua
Meus filhos me deram força e fé

Útero da terra

Sou mãe profunda
Estendo meu útero pelo planeta
Preservo na terra os que querem nascer
Preparo o alimento
Cuido e acalento
Vejo minha prosperidade crescer

Tenho vitória em tudo que faço
Vejo minha existência renascer
Meus braços alcançando o que quero tocar
Sinto meus males curar

Sou grande mãe profunda
Governo as cidades,
abraço os filhos da dor,
lambendo suas feridas
com línguas de flores
Para todos tenho amor

Sou mãe grande
profunda
Mãe das mães
Sou mãe Sábia
parideira
Mãe parteira
que acolhe os frutos da humanidade
pra preservar a espécie

Amor de mãe e o príncipio da eternidade

Minha mãe se chamava
Tinha uma visão além do alcance
Enxergava as dimensões
do visível e do invisível
em seu coração enorme
que um dia partiu

Minha mãe Marina
sustentava-me com suas mãos enormes
Deixou a dimensão dos vivos
enquanto eu ainda era menina

Diante de outro ponto de vista
Agora com a assessoria dos anjos e arcanjos
sempre enviados ao meu encontro
nos momentos cruciais
Marina,
a mãe que eu conheci criança
agora está comigo aonde quer que eu vá

Paideia

Papai, preciso premiar
pra presente?
Preciso pensar
Papi, professor precioso
pedagogo popular,
pilar, ponte, porto...
Pelos progressos, pelo planeta
pimpolha preta poderá proporcionar prazer

Pai paixão...
Patriarca parceiro
Pensador perfectivo
Praticava palavras parcimoniosamente

Perscrutava português,
Poderia penetrar palácios
pelo porte, ponderação, paciência...

Para papai padroeiro
Palmas
pude prosseguir
Preciso pedir perdão
pelas palavras, parcas,
porém pratico pelas pistas, pérolas
Papai partiu. Paz!

O meu menino

O meu menino, eu sempre tratei com cuidado
sem exageros nem privilégios de gênero
para resguardar no futuro homem a sua ternura
A lágrima solta no olho sem vergonha
A coragem de enfrentar as fraquezas na vida
A capacidade de somar forças

O meu menino, eu criei para tudo
Da boneca aos carrinhos
Da faxina ao expediente bancário
Da cozinha ao sonho
Mãos firmes para construir realidades
Ouvidos sensíveis para apreciar a boa música

O meu menino, eu coloquei diante da vida
Olhos no futuro
pés no chão

Esperança

Sinto que vou ter uma menina
vou enfim dar passagem
a uma fêmea ainda sem nome
Parir uma sequência de ais amplificados
Hino de anúncio da sua chegada

Digo isso
pois nunca estive tão frágil
Até o meu jeito de passar batom mudou!
Vejo as coisas com férteis cores
Nunca desejei tanto o meu homem,
nunca preservei tanto a minha vida

Aqui no meu centro contemplo
as curvas da minha erótica barriga
O desenho ousado dos meus seios

Aqui no meu canto paquero
o meu meio,
o meu umbigo,
o meu cordão de novidade

Ah, garotinha
Sei que nunca serás minha...
Siga em frente, que o mundo acelera
Mas não machuque muito esse corpo que te ampara

pois serei mulher sempre, acima de tudo
Venha, meu homem,
venha ver que coisa curiosa

Essa frutinha toda enrolada no nosso desejo...
Sinta o nosso futuro crescendo aqui no meu centro

Já contemplo escancaradas
as portas da esperança
No devido tempo geramos
a nossa tríplice aliança

Seja bem-vinda, petiz, à nossa Santíssima Trindade

As almas escolhem o seu destino

Meus filhos não nasceram de nove meses
meus filhos nasceram todas as vezes
que meu coração despertou
Disposta a acolher seus sorrisos e manhas,
seus desafios
Disposta nessa missão
de quem ensina a desenrolar seus fios,
sentindo amor

Meus filhos não nasceram de nove meses
Nasceram todas as vezes
que esse meu coração de mãe saiu parindo amor
Abri meus braços disposta a amar
Segui o destino das almas que escolhem seu caminho
Escolhi esse tipo de jornada

Agora que estou com meus filhos
nos paradoxos do destino
Muito além do meu próprio umbigo
Tudo está em paz

Dom da multiplicação

Uma mulher renasce a cada gestação
de ideias,
projetos,
filhos,
ou não?

Uma mulher deve ser feliz com sua decisão,
a alimentar seus sonhos
com novos voos

Fatal

A dor do amor
é ônibus que não vem,
parto sem neném,
assadura do calor

A dor do amor
é câncer
Mata

Se quiser viver
tem que transformar
Virar outro
Arrancar a pele,
Trocar as carnes por dentro
Cauterizar

A dor do amor é a tal
loucura
Zomba da cura
A dor fatal
segue pirando a gente
Morre e renasce depois das cinzas
Depois do luto
Ressurge fênix
depois do fim

Por enquanto é dor que desatina

Quando você foi embora
nem sei descrever a sensação
Entrou sem pedir licença
Deixou desilusão.

Eu acreditava
Tinha esperança.
Naquele tempo
era criança

Quando você foi
levou um pedaço do meu coração
Agora amo de um jeito diferente
com o coração marcado bem na frente
Não consigo saborear do amor a sensação

Quando você foi
eu fiquei esperando a tempestade passar
Chorei até o meu pranto inundar
Tentei em vão engolir o meu dissabor
Nunca pensei que doesse tanto a dor do amor

Samba do amor

Nosso amor estava por um triz
Um samba pra sobreviver eu fiz
Chorando, fingindo sorrir
aos poucos vendo tudo ruir

Foi derramado um copo de dor
sobre o nosso amor

Nossa cama desfeita
não mais poderei arrumar
O travesseiro que enfeita
você levou pra machucar

Sobre o nosso amor
foi derramado um copo de dor

Só me resta chorar o dia inteiro
até comprar uma cama de solteiro
Que tortura, a cabeceira imensa
dói mais do que você pensa

Caiu sobre o nosso amor
um copo de dor
Com lágrimas irei me consolar
Por isso não canso de chorar
Esperarei até o fim
Será que você vai voltar pra mim?

Amei

Amei
antes
Agora
agruras
Aliás
agonizo
Ah,
amor
Ai!

Muito além do próprio umbigo

Quando levei um pé na bunda
percebi que estava muito adiante
Sendo otimista,
tudo é questão de ponto de vista

Atormentada

Aquele ator
deixou-me
ator-men-ta-da
Atormentada
com a mente embaçada
Embriagada nas tormentas da paixão
Entre realidades e ficções
partiram-se os corações

Nossos dias foram além dos ensaios
Apoquentados pela dúvida
pela ilusão de um amor em cena
Sem reprodução na realidade,
nesse caso,
poderia valer a ficção.
Pena que o amor é cego
mas não é maluco não

Aquele ator
deixou-me
ator-men-ta-da
Dor de amor tira o sono
tormenta certa, irmão!
Não tem beijo técnico
nem lágrima falsa que salve

Ah, trombeta ruim!
Depois do terceiro sinal
quando o pano abriu
Finda a cena inicial
Fui para o camarim
onde, atarantada,
chorei com o gosto de fim
acinzentando o céu da boca

Tente me amar

Enquanto a chuva não vem
Depois que o leite derramar
Ame como nunca amou ninguém

Tente me amar
sem pensar em voltar,
no balanço do trem,
esperando a hora certa
de fazer um neném

Tente me amar
sem desculpas pra me deixar
de anel no dedo
Ame completamente sem medo

Tente me amar
sem me confundir com ninguém
Enquanto seu lobo não vem,
tente me amar
e consiga

Com gosto de neve

Quero um amor
abaixo de zero
Com gosto de neve
e cheiro de café

Quero um amor carícia de um abraço
Sem direito à devolução
Desses que odeiam televisão
Um amor-amasso

Quero um amor
antídoto pra dor
Um amor que ocupe espaço
que desconheça o cansaço

Quero um amor
que da alegria seja o fornecedor
Pra jogar flores no mar
Pro tempo nunca mais passar

Brisa

É preciso resgatar
das mulheres a delicadeza
A flor mais preciosa e perfumada
Transformar em suave canto
o grito grudado na garganta,
o anseio inesperado,
a fúria desmedida
Nas águas repousar o corpo
e entregar os caminhos

Jardim de inverno

Se você me deixar
Deixe-me no chão
onde crescem as flores

Deixe-me brotar
Deixe-me viver
Deixe-me crescer

Sem você

Água viva

Você já esteve no fundo do meu coração
Mas, com gotas de falsidade
foi alcançando a superfície
onde pude enxergar com clareza
Drenar as águas empoçadas

Então deixei sua futilidade queimando no sol
sem protetor solar,
nos piores dias do verão

Vi tudo ruir:
os silicones murchos,
os apliques embolados,
a maquiagem borrada,
o sorriso triste e bêbado

Você sem meu carinho
Você sem salto
Sem dinheiro na conta
Sem amigos verdadeiros
Você sem nada
Você já esteve no fundo do meu coração
mas não soube navegar
Então se afogou no fundo do seu mar

Era água viva
Fez meu coração queimar

Mas não há queimadura que não sare
Não há tristeza que dure pra sempre
Não há barco à deriva que não encontre o seu lugar

Flores?

Não quero flores
As flores têm vida curta
Não quero palavras soltas
As letras voam com o vento

Se você puder colocar cimento no nosso amor
Se você prometer resistir além da dor,
sem anestesia,
sem televisão,
talvez eu fique,
talvez eu fique,
talvez eu fique,
talvez

Muitos já me passaram pra trás
Aprendi a viver nas cavernas.
Não quero brincar de casinha
A minha cor preferida é o preto

Se você não prometer
se trouxer mais que o pão de cada dia
com gotas de sabedoria
com uma dose de ironia
talvez eu fique,
talvez eu fique,

talvez...
Quem sabe?

Olga

Olga acordou
com um gosto de beijo na boca
Sentiu seu desejo
avassalador sob as cobertas

Olga acordou pra vida
Abriu os olhos
Olga despertou
de um sonho doce
com gosto de urgência

Gozo

Cheguei ao ápice do sono
sentindo o aroma do café
penetrando meus poros
Acordei em êxtase
Revitalizei a alma

Bebi
sentindo o calor do líquido negro
a preencher minhas entranhas
Trazendo um profético
bom dia!

Orquídea deitada

Dentro da calcinha de bolinha
tenho uma florzinha

Água na boca

Minha língua amanheceu
sonhando com um novo céu
Fiquei de boca aberta
quando percebi que estava
soletrando outras letras
Articulando uma nova boca pra visitar
Deu água na boca

Segredo de Estado

Aprendi a forjar o meu macho a ferro e fogo
Você é meu HOMEM
HOMO SAPIENS,
meu OMO,
o que deixa tudo limpinho e brilhante
Uma mulher não deve vacilar

Você é meu HOMEM
Meu HOMO SAPIENS
Meu cobertor,
binóculo para a lua cheia,
a tocha do fogo que eu acendo
a cura da dor

No meio de tantos homens
Meu HOMO SAPIENS,
o companheiro escolhido,
aquele que compartilha o pão
Está comigo na trilha da evolução

Flor do dia

Ao sair do edifício luxuoso
na cidade o sítio mais honroso
recebi uma flor
das mãos de um catador
Eita, homem de coragem,
operário da reciclagem,
nesse capitalismo selvagem!

Pôs em minhas mãos uma flor de papel
cuja superfície
branca como nuvem
refletiu as cores de um utópico céu
que infelizmente ainda não está
aberto para todos

Cidade "Playmobil"

Na capital do Brasil, cidade "Playmobil"
conheci a hipocrisia
Eu era feliz e não sabia
Nessa cidade mito
estou ficando cada dia mais burra
Cada dia mais louca
Esse mundo plano vai me levar à bancarrota
com essas asas que não levantam voo
Deixem-me no chão
Vou pra rodoviária levar um violão
Tocar com o ceguinho da gaita,
dançar até morrer
Na companhia do povo, encontrar a cultura,
vender balinha no sinal,
comer pastel na "Viçosa",
abolir a sociedade de controle,
voltar pra casa disposta a tudo,
parar de pensar
Espere, amor
tô chegando
Ne me quite pas

Animália

Devorando as carnes até roer os ossos
discutem o vazio
dos cães, o cio
rindo alto no almoço requintado

Enquanto isso
do outro lado da cidade
ainda no ventre das mães
a engolir a própria fome
as crianças gritam

Mas
os bem nascidos têm problemas maiores
Não há vagas para menores
Esses devem perecer
em benefício da seleção "natural"
ainda fetos
Desconhecidos fatos
assassinados nas alvas áreas
vítimas das impunes cesáreas
curetadas em uma inútil encarnação

Mas
façam silêncio
Os ricos desfrutam a refeição

Almoço dos calhordas

Ofereceram Pau Brasil
no almoço dos calhordas
De sobremesa,
as tetas da Pátria Amada
Todo mundo quis mamar

Enquanto isso, na Esplanada
um índio gritava:
Está faltando um índio no poder!
Um negro também reivindicou sua cota:
Está faltando um preto no poder!

No almoço para a nata engravatada
ninguém falava absolutamente nada
A hipocrisia,
uma hiena risonha e cínica
reinava entre os escolhidos da população
que devoravam o ventre da nação
em meio à corrupção histórica

Oferecem Pau Brasil
no almoço dos calhordas.
Durante a insalubre refeição
enquanto a faxineira ganhava o pão de cada dia
sua prole delinquente
hospedeira da agonia

morria
depois de uma overdose de crack

Em um ipê amarelo
em frente ao Ministério da Saúde,
ofereceram consolo à fêmea cujo coração partiu
Mas ela não vai poder enterrar seus filhos
porque é muito caro!
Os serviços funerários não estão disponíveis ao cidadão

De qualquer forma
enterrou as crias no quintal do seu serviço
onde passava a maior parte do dia
Agora seus descendentes serão adubo de ipê
crias nativas do cerrado
legítimos candangos frutos da terra
aqueles que morreram por esse chão

Língua de fogo

Acordei
Fui direto ao espelho
ao escovar os dentes
dor de garganta
ardor insustentável
Devo ter passado a madrugada
tentando extirpar a minha língua

Por que me obrigaram a falar português?
Tirem esse português de dentro da minha garganta!
Por isso cuspo palavras todos os dias
Falo com as mãos agitadas

Queria apartar-me dessa língua
Queria apartar-me dessa angústia
Não enfiar o dedo na cara de ninguém
porque até os meus gestos foram forjados
Tatuados em minha carne
sob o jugo do opressor

Na direção do sonho

A partir de hoje
ninguém poderá insinuar
que devo parir
quando devo gozar
Escolho conduzir
a vida que escolhi
Conquistei o meu direito de ir e vir

A partir de hoje
sigo pelo caminho a espreitar o retrovisor
com as mãos no volante
para não derrapar no instante

A partir de hoje
ninguém poderá dizer se devo ficar ou sair
Quando eu estiver a sonhar, poderei me dirigir
imediatamente na direção do sonho

A partir de hoje
sigo o meu destino
sem medo da madrugada
nem das tempestades ao longo do caminho
Voo com o vento
a sussurrar liberdade na estrada

Inoxidável

Sou osso duro de roer
Tente morder
Tente quebrar
Sugiro não tentar

Sou osso duro de roer
Sem atalhos
Sem desculpas
Nada de mentiras nem culpa

Tente atacar, você vai ver
Meu sobrenome é mulher
Venha quem vier
Sou osso duro de roer

Venço a violência
Fujo da indecência
Odeio hipocrisia café com leite
Sou tudo isso e nunca pro seu deleite

Sou carne de pescoço
Desista, você vai perder
Sou osso duro de roer
Fênix fêmea forjada na luta pra sobreviver

Voo livre

Mulher é bicho esquisito e poderoso
Faz o que dá na telha
desde a criação
Ninguém segura mulher não...

Tinta forte

Nunca fui mais ou menos
Nunca fui talvez um dia
Nunca fui sem sal

Tenho sangue nas veias,
calor demais debaixo das meias
Não me entrego a essa realidade louca
Nem vivo no ser ou não ser.

Sou canhota
Tenho a perna torta
 Sou até meio vesga,
mas enxergo muito bem
porque me conheço de zero a cem

Não sou perfeita
Assumo os meus erros
e assino embaixo

Suplementos para a alma

Viver de poesia?
Você vai passar fome!
Tomei uma sopa de letrinhas
Escrevi
Emagreci
depois dormi
 Sonhei
deixando para nunca mais os pesadelos
dos tempos das vacas gordas,
que, mesmo comendo vegetais
sentiam o peso da culpa com cheiro de escritório
roendo a alma

Salvador Dali no meu pesadelo

De madrugada acordo poeta
 Sonho parir algo útil
à manutenção da minha sanidade

Na alvorada
vivo momentos surrealistas
nos quais os pesadelos espreitam
e procuram invadir a beirada dos olhos

Salvador Dali, deste instante,
o meu poema chega
emergencial
matando meu corpo no pesadelo
Devolvendo minha consciência à luz do dia

A mão e a luva

Eu hoje comi um poema com pão
seco;
ontem não fiz nenhuma refeição;
amanhã talvez uma sopa de letrinhas
Há dias que não brota poema algum
Acordo e mantenho o jejum
até que anoiteça
Mas as palavras um dia brotam
como água dos rios
Como chuva
há poemas que caem
Há poemas que cabem
como uma luva
e alimentam a alma

Nascituro

Nasce o poema
Eis que rompe a página
poema-nascente
Ainda não é fato consistente
É preciso tato para que a palavra eleve a alma
Propicie uma existência saudável
O texto nato almeja muito
É fato
Mas ainda é feto
Muito cuidado
Melhor ficar por perto

Descompasso em tons de cinza

Entre eles o mau jeito
O fantasma do preconceito
rondava o leito

Sob os lençóis estavam imunes
Embriagados de desejo
Abastecendo a fome impressa na carne

A luz do dia
revelava uma constante perseguição
Olhares, suspeitas, ambiente de tensão

Não conseguiam viver felizes
com sua diferença de matizes
O mundo insistia em um roteiro de filme sem cor

Assim foram apagando a chama,
o calor da pele não foi suficiente para aquecer a cama
e manter intacta a magia daquele amor

Não conseguiram ir além da cor
perdidos nos paradoxos de alguns algozes pálidos
Devem estar por aí, esquálidos, morrendo à míngua
tentando contemplar os padrões impossíveis
de um mundo insaciável e definitivamente míope
incapaz de enxergar os contornos da realidade

Quebra-cabeça

Fazer um poema não é fácil
Catar palavras ao vento
Escolher matéria prima
Reciclar

Não é fácil fazer um poema
Conversar com outrem
em um pedaço de papel

Fazer um poema nem sempre é possível
Revirar as emoções
Olhar pra dentro e pra fora
Não é fácil
Não é fácil

Ainda não escrevi tudo o que preciso
Restam páginas de sonho
Ainda tenho um baú de memórias

Também não é fácil ser poema
Encontrar um leitor
interessado em poesia
que compartilhe a dor e as alegrias
Mas é maravilhoso

Ecologia emocional

Além de esteta do coração
o poeta é atleta?
Sim
Com seu voo certo
não dorme de olho aberto
Com doses de calma
vai curando a alma
enquanto faz poesia
pra não morrer de agonia...

Sustento

Quero uma poesia pão
Muito além da refeição
como alimento da alma

Quero uma poesia carne
que fatie problemas no cerne
e cale o grito dos que têm fome

Um simples sorriso

Pronto
Um simples sorriso
As coisas acontecem
como um milagre
Há sorrisos chaveiros
Abridores de portas secretas
mesmo as consideradas impenetráveis
Creio no poder dos sorrisos

Fazendo a cabeça

A cabeça é lugar precioso na minha escrita
Quem tiver ouvidos pra ouvir, ouça
A cabeça deve ser feita
ou desfeita
pra se refazer

Caminhos abertos

Minha casa está nos meus pés,
por isso costumo dispensar os saltos.
 Vou devagar,
quero pisar a minha realidade com firmeza,
saborear as curvas da estrada
com esperança em cada passo que me leva mais adiante.
 Há liberdade nos pés que pisam a terra firme.

Esta obra foi composta em Arno pro light 13, para a Editora Malê e impressa na gráfica Trio em agosto de 2024.